AF382261

TRIPADVISOR

Planifica y reserva un viaje perfecto

Por Charlotte Bouillot
Traducido por Laura Bernal Martín

Economía y empresa 50MINUTOS.es

TRIPADVISOR

En febrero del año 2000, en un momento en el que la Web 2.0 se encuentra en pleno desarrollo y en una época en la que las agencias de viajes realizan sus primeros intentos satisfactorios de pasarse al turismo en línea, a un ingeniero diplomado en Harvard se le ocurre la idea de crear una plataforma en la que los consumidores puedan compartir opiniones objetivas y bien fundadas sobre sus experiencias de viaje. La empresa emergente TripAdvisor se ha convertido 17 años más tarde en una multinacional que ha logrado construir la mayor comunidad de viajeros del mundo, y eso a pesar de la competencia de gigantes como Expedia o Booking.

Aunque en teoría el desarrollo del turismo en línea habría podido permitir a los profesionales recuperar el contacto directo con sus clientes gracias a la digitalización de un servicio que antes ofrecían las agencias, lo cierto es que finalmente aparecen nuevos intermediarios que se vuelven indispensables: agencias de viajes en línea, motores de búsqueda, plataformas, etc. De hecho, iniciativas como TripAdvisor han impuesto una mayor transparencia en el sector y, al darle voz a los consumidores, han obligado a los profesionales a superarse a sí mismos.

Sin embargo, TripAdvisor se encuentra en el punto de mira del sector de la hostelería y de las autoridades europeas, que denuncian desde hace ya varios años la falta de fiabilidad y de representatividad de su sistema de puntuación y de sus prácticas, consideradas poco respetuosas con la competencia. El sector del turismo en línea ya no es un mercado nuevo, y hoy en día parece dominado por un puñado de gigantes perfectamente capaces de usar y abusar de su posición dominante, algo que incita a los profesionales del turismo a organizarse para recuperar el vínculo directo con sus clientes.

DATOS PRINCIPALES

- **¿Fundadores?** Stephen Kaufer (nacido en 1963), ingeniero informático formado en la Universidad de Harvard, y Langley Steinert (nacido en 1963), diplomado por la Escuela de Negocios Tuck de la

Universidad de Dartmouth en Hanover, Nuevo Hampshire.

- **¿Fecha de creación?** En febrero del año 200 en Needham, Massachusetts (Estados Unidos).
- **¿Sector de actividad?** Turismo, viajes, nuevas tecnologías.
- **¿Zona de comercialización?** Las distintas interfaces de TripAdvisor están disponibles en 45 países de todo el mundo, incluido en China bajo el nombre *daodao. com*.
- **¿Número de usuarios?** TripAdvisor ha adquirido 31 marcas desde su creación, permitiendo que la compañía atraiga 415 millones de usuarios únicos al mes y convirtiéndose así en la comunidad de viajeros más grande del mundo. Las marcas son : AirfareWatchdog, BestTables (actualmente TheFork), BookingBuddy, Couverts, Cruise Critic, Dimmi, EveryTrail, Family Vacation Critic, FlipKey, GateGuru, Holiday Lettings, Holiday Watchdog, Iens, The Independent Traveler, Jetsetter, Kuxun, LaFourchette, Mytable, Niumba, OneTime, Oyster, Restopolis,

SeatGuru, SeatMe, SmarterTravel, Tingo, TravelPod, TripAdvisor, Tripbod, VacationHomeRentals, Viator y VirtualTourist (actualmente cerrada).

- **¿Volumen de negocios anual?**
  - 2008: 298 millones de dólares.
  - 2014: 1,25 mil millones de dólares.
  - 2015: 1,49 mil millones de dólares.
  - 2016: 1,48 mil millones de dólares.

- **¿Palabras clave?**
  - <u>Web 2.0</u>: este término aparece en el año 2007 y se refiere a la evolución de la web hacia una mayor interactividad provocada por la aparición de las redes sociales, los blogs y el *crowdsourcing* (o «subcontratación masiva voluntaria», es decir, la externalización de determinadas tareas a un mayor número de personas). El ejemplo más claro es la creación de la enciclopedia colaborativa Wikipedia en 2001.
  - <u>Sistema de Información Geográfica (SIG)</u>: este sistema de bases de datos permite reunir información espacial y geográfica, lo que ha favorecido el desarrollo de nuevas funcionalidades,

como la posibilidad de situar elementos en un mapa, de calcular itinerarios o de realizar búsquedas por proximidad.

° <u>Optimización para motores de búsqueda (SEO, por sus siglas en inglés)</u>: proceso que consiste en aumentar la visibilidad y la pertinencia de las páginas web para los usuarios. En la práctica, se trata de atraer a los motores de búsqueda poniendo en marcha un sistema de posicionamiento natural efectivo para que las personas que buscan un producto o un servicio concreto puedan encontrarlo. El proceso de optimización se basa en la elección de palabras clave, en la estructura de la página web, en los vínculos a otras páginas, etc.

° <u>Motor de búsqueda vertical</u>: a diferencia de un motor de búsqueda generalista, como Google, este tipo de motor de búsqueda se limita a una base de datos enfocada a varias páginas web especializadas en un tema, por ejemplo, en ofertas de empleo, en anuncios inmobiliarios o en seguros. Esto significa que los resultados ya se han filtrado, algo que le permite al usuario ganar tiempo y determinar mejor sus búsquedas.

¿Qué significa el búho de TripAdvisor?

El logo de TripAdvisor es un búho con ojos enormes capaces de detectar los aspectos positivos (el ojo verde) y negativos (el ojo rojo) de los establecimientos visitados. Así, simboliza la vigilancia que ejerce sobre los hoteleros y los restauradores de todo el mundo.

El turismo en línea es un sector económico muy rentable y altamente competitivo que, además, se encuentra en constante mutación. En este sentido, ¿cómo puede la plataforma comunitaria TripAdvisor resistir el paso del tiempo y seguir siendo una herramienta indispensable y beneficiosa para millones de usuarios y de profesionales?

INICIOS

LA INTUICIÓN

En 1985, después de acabar sus estudios, Stephen Kaufer cofunda la empresa emergente CenterLine Software, que ofrece herramientas de desarrollo de *software*. En 1998, más de 10 años después, Kaufer y el resto de fundadores venden la mitad de los activos de la compañía, mientras que la otra mitad se convierte en CenterLine Development Systems, una empresa entonces dirigida por su mujer, Caroline.

Ese mismo año, el matrimonio Kaufer intenta buscar un buen hotel en México, pero los profesionales del turismo no les ofrecen datos fiables y objetivos. Comienzan a imaginar una página de internet que recogería las opiniones de los consumidores para ayudar a los viajeros que, como ellos, desearan organizar de antemano y de forma eficaz sus viajes. Entonces, los Kaufer se asocian con el hombre de negocios estadounidense Langley Steinert y, 2 años más tarde, fundan TripAdvisor en el ático de una pizzería y empleando material informático prestado.

Kaufer posee varias patentes informáticas y es nombrado emprendedor del año en 2005 por el gabinete de auditores financieros Ernst & Young. Hoy en día es considerado un experto en los sectores del turismo y de las nuevas tecnologías. En el año 2005, Langley Steinert deja el proyecto para lanzar CarGurus, una página que reúne ofertas de venta de vehículos nuevos y de ocasión, así como las opiniones de los consumidores sobre los distintos modelos de automóviles. La página también permite a los usuarios vender su vehículo.

LA WEB 2.0

La pareja Kaufer es el perfecto ejemplo de los cambios que vive la web a principios de los años 2000: el internauta ya no solo quiere ser observador o consumidor de datos, sino que quiere participar.

En esta época proliferan los foros, en los que se debate, se comparte información y se aconseja sobre todo tipo de temas. Es en este contexto en el que surge la Wikipedia, la enciclopedia colaborativa en línea, un ejemplo de *crowdsourcing* a escala mundial. Aunque este compendio de conocimientos populares al principio es menospreciado en favor de fuentes de información tradicionales más fiables, hoy en día se ha convertido en una imprescindible puerta de acceso a información multilingüe, diversificada y con unas fuentes en constante actualización. En este mismo sentido aparecen plataformas como Myspace, que surge en 2003 y en la que se comparten música, fotos y vídeos. Aunque ha perdido popularidad en los últimos años, esta red social estadounidense se convirtió tan solo dos años después de su fundación en la cuarta página web más consultada del mundo, después de Yahoo, AOL y MSN.

LA CARTOGRAFÍA EN LÍNEA

En los años ochenta se desarrollaron —y, más adelante, se industrializaron— en los Estados Unidos y en Canadá sistemas de información geográfica (SIG), que fueron una revolución y provocaron que, a partir de ese momento, cualquier usuario de Internet pudiera tener acceso a este tipo de datos.

Hace 20 años, para preparar un viaje resultaba

esencial imprimir mapas actualizados y completarlos con algunas guías culturales y hoteleras especializadas. Hoy, sin embargo, es posible pasearse por el mundo entero con Google Maps, que pueden usarse para buscar los alojamientos mejor puntuados o más recomendados, calcular una ruta e incluso visitar algunos monumentos virtualmente antes de decidirse a hacerlo en persona. Esto se ha logrado gracias a la elaboración de programas que permiten almacenar, gestionar, analizar y editar los datos, que han hecho que el uso de mapas en línea y GPS se vuelva universal.

GOOGLE AMPLIA LOS LÍMITES
ESPACIOTEMPORALES

El 20 de julio de 2005, Google Maps celebró el aniversario de la llegada del primer hombre a la luna añadiendo imágenes procedentes de la NASA. Este servicio, conocido como Google Moon, permite que los usuarios puedan pasearse virtualmente por la luna y ver los puntos de alunizaje de las distintas misiones enviadas al satélite.

A finales del 2008, Google Earth integró una

dimensión temporal, que proponía recorrer las calles de Roma tal y como eran en la Antigüedad. Cada uno de los 6700 edificios estaba dotado de una ficha explicativa para que la experiencia se asemejara a una visita guiada. Esta simulación digital fue fruto del trabajo de un equipo de investigadores estadounidenses, franceses e italianos que participaron en un proyecto llamado Rome Reborn. Aunque este servicio ya no está disponible, Google Earth añadió en 2013 una nueva herramienta llamada Timelapse, que usa satélites de alta resolución para mostrar cómo ha cambiado el planeta en las últimas tres décadas.

ULTRAMOVILIDAD

Según las estadísticas publicadas por la UIT (Unión Internacional de Telecomunicaciones), el número de abonos a telefonía móvil pasó de 34 a 93 por cada 100 habitantes en el mundo entre los años 2005 y 2013. Gracias a la geolocalización y a la actualización instantánea de los datos en línea, ahora es posible guiar al usuario en todos sus desplazamientos, incluyendo los realizados en su propio barrio. Tanto el turista extranjero como el autóctono pueden emplear los mismos servicios para localizar rápidamente un restaurante abierto y con buenos comentarios dentro de una zona geográfica concreta. El reto para los profesionales del turismo en línea es enorme: ya no solo tienen que ofrecer ayuda para preparar el viaje, sino que se tienen que situar en el corazón mismo del viaje con un servicio personalizado en tiempo real.

El turismo comunitario

En el año 2000, el número total de turistas internacionales que llegaron a un destino internacional alcanzó la cifra récord de 697 millones, lo que se traduce en la llegada de 22 turistas por segundo. Estos datos fueron publicados por la Organización Mundial del Turismo (OMT) y tienen en cuenta a las personas que viajan a un país distinto al de residencia, por un período menor a un año y no por motivos profesionales. El sector del turismo generó 476 mil millones de euros en todo el mundo en el año 2000, es decir, un aumento del 4,5 % comparado con el año 1999.

Hoy en día, estas cifras se han más que duplicado

en lo que supone un claro ejemplo de la constante necesidad del hombre de descubrir nuevos horizontes y de vivir nuevas experiencias por todo el mundo. Cada vez es más evidente la necesidad de plataformas comunitarias que ayuden a que todos puedan viajar sin salirse de su presupuesto y sin ahogarse en una marea de ofertas turísticas. Las agencias de viaje tradicionales, cuyas ofertas y recomendaciones llegaron a ser tan valoradas y apreciadas en otra época, luchan ahora por seguir el ritmo de evolución del sector. Esto se debe, por una parte, a que surgen nuevos soportes de lectura y de acceso a la información y, por otra, a que las exigencias de los viajeros, como la instantaneidad de la información, son cada vez mayores.

La dinámica comunitaria descansa sobre todo en la búsqueda de personas que han vivido las mismas experiencias y con las que podemos compartirlas. Su funcionamiento está basado en el intercambio, en la honestidad y en la autenticidad de los enlaces creados. El fenómeno de los «greeters» («anfitriones»), inventado en Nueva York en los años noventa para mejorar la imagen de algunos barrios, es un tipo de turismo participativo en pleno auge: en vez de visitar una ciudad con un grupo organizado, o solo con un mapa en la mano, un voluntario local apasionado por el tema te permite descubrir la ciudad desde dentro, fuera de los circuitos turísticos.

Otro ejemplo significativo es el éxito del *couchsurfing* o el «viaje de sofá en sofá». La empresa homónima, entre cuyos fundadores se encuentra el informático estadounidense Casey Fenton, nació en 2004 como una asociación sin ánimo de lucro. El objetivo de Couchsurfing es desarrollar una red de ayuda mutua mundial en la que los viajeros se conozcan y aprendan los unos de los otros. En mayo de 2011 se convierte en una sociedad por acciones. Hoy en día, en la red de Couchsurfing hay más de 10 millones de «couchsurfers» que viven en más de 200 000 ciudades de todo el mundo.

Además de las iniciativas gratuitas, se han creado nuevas redes que también permiten a particulares viajar fuera de los circuitos profesionales. La más conocida es la plataforma comunitaria de alquiler de alojamientos entre particulares Airbnb, lanzada en 2008. El concepto permite que los propietarios alquilen todo o una parte de su alojamiento a turistas que deseen sumergirse en la vida local a precios mucho más atractivos que los que ofrecen los hoteles. En tan solo 4 de los años que lleva operativa se han reservado 10 millones de noches en la página, que se ha convertido en un verdadero fenómeno de masas.

El turismo comunitario

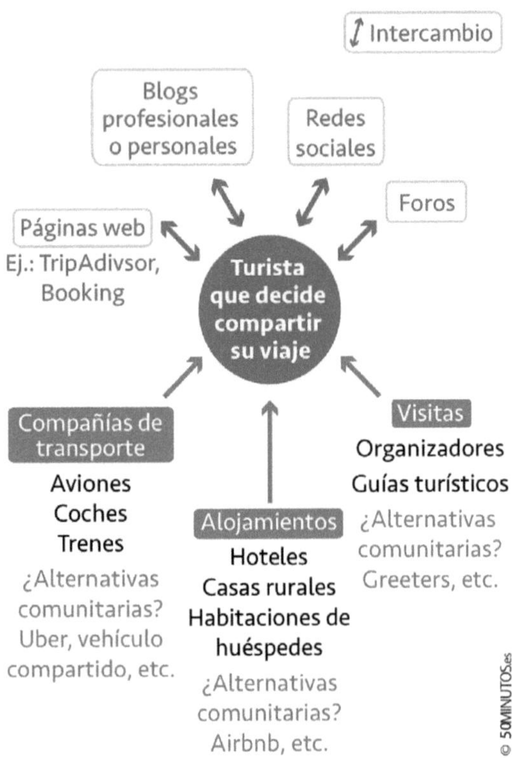

1,8 millones de turistas han reservado una habitación en la capital francesa desde la creación de la página, que solo en esta ciudad propone unas 40 000.

DESARROLLO DE TRIPADVISOR

¿CÓMO FUNCIONA?

La mayor comunidad de viajeros del mundo

TripAdvisor, que cuenta con 415 millones de visitantes únicos al mes y con un total de 535 millones de opiniones enviadas sobre más de 7 millones de establecimientos en el sector turístico, reúne a la mayor comunidad de viajeros del mundo.

En el año 2000, Stephen Kaufer se convirtió en un pionero al aprovechar el crecimiento de la Web 2.0 y crear una plataforma basada en el *crowdsourcing*: los usuarios son los únicos creadores del contenido propuesto por la página. En teoría, este modelo permite garantizarle a los futuros viajeros que las opiniones que encuentran en internet cuando preparan su viaje son auténticas y sinceras, ya que los comentarios han sido escritos por otros clientes que, como ellos —y antes que ellos—, han organizado su viaje y, lo que es aún más importante, han vivido la experiencia turística que el usuario va a vivir.

El usuario, que se convierte en un contribuidor activo, quiere ofrecer contribuciones que ayuden a que la fiabilidad de su perfil crezca y el resto de usuarios confíen en él. Además, desde el año 2010 TripAdvisor se conecta a Facebook a través de la opción «Personalización instantánea», que permite a los usuarios de la plataforma encontrar a sus amigos y seguir sus consejos y sus opiniones. Finalmente, el sistema se basa en el postulado de que los autores de las opiniones en la página web son consumidores de las opiniones de los demás. Por lo tanto, quieren que las evaluaciones sean lo más honestas y precisas posible con el fin de garantizar la calidad de una plataforma que ellos mismos usan.

El *crowdsourcing*

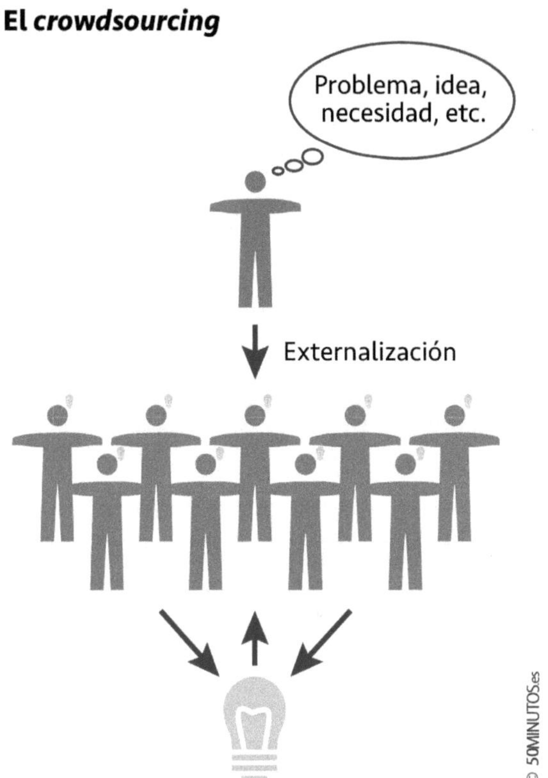

¿**SABÍAS QUE...?**

Brad Reynolds, un profesor estadounidense expatriado de 38 años, es el contribuidor más activo en TripAdvisor: entre 2010 y

2015 escribió 66 000 opiniones y subió 40 000 fotos en unas 400 ciudades de una cincuentena de países. Es decir, una media de 2 opiniones al día. Sus comentarios han sido leídos por millones de personas de todo el mundo.

Un modelo de negocio innovador y competente

Al principio, la idea del informático era aprovechar sus competencias en ingeniería informática para desarrollar una herramienta de búsqueda vertical dedicada a los viajes y destinada a los profesionales del turismo. Por tanto, la página *tripadvisor.com* no era más que un escaparate que servía para mostrar a los clientes potenciales qué era capaz de hacer la herramienta. Pero pasa un año y medio y el proyecto no consigue el éxito deseado. Además, la tragedia del 11 de septiembre de 2001 asesta un duro golpe a la industria turística. Aunque los Estados Unidos son, inevitablemente, los primeros afectados —con un descenso en un 12,6 % de la llegada de turistas extranjeros—, los países musulmanes también experimentan una clarísima caída durante el último trimestre de 2001 (a Egipto, llegan 900 000 turistas extranjeros menos), y el impacto de la pérdida de confianza y del sentimiento de inseguridad de los viajeros se extiende a nivel internacional (Gas 2002).

Sin embargo, Kaufer no se desanima. Por esta época, se da cuenta de que su página web *demo* genera bastante tráfico, sobre todo gracias a los comentarios y a las evaluaciones de los internautas, es decir, a un contenido creado de manera voluntaria por personas externas a la empresa. Para darle un empuje a su experimento en línea decide emplear un modelo de financiamiento basado en la publicidad, ya que el acceso a la plataforma es totalmente gratuito para los usuarios.

El turismo es una de las principales industrias que se desarrolla en la web y que abandona la vía física. La cantidad de dinero que gasta cada usuario es elevada —en 2013, cada viajero francés gastó una media de 1600 euros por unas vacaciones, 650 euros por un vuelo y 150 euros por el alojamiento (Jaladis 2013)—. Por ello, el viaje en línea o turismo en línea es un sector de actividad lucrativo, altamente competitivo y en constante crecimiento. Por lo tanto, lo importante para los profesionales del turismo es atraer a los clientes. TripAdvisor, con sus 415 millones de visitantes únicos al mes, cuenta con un tráfico record en un sector de actividad en el que este es muy valorado.

De los 1,2 mil millones de dólares de volumen de negocios que generó la empresa en el año 2014:

- el 70 % son ingresos por clic. Cada vez que un internauta hace clic en un enlace de la página web para hacer una reserva en un hotel, TripAdvisor cobra una comisión;
- el 11 % de sus ingresos proceden de la venta de espacios publicitarios en la página web (*display*);
- el 19 % de sus ingresos son fruto de la membresía. Este servicio, lanzado en el año 2008, permite a los profesionales mostrar sus coordenadas directas en la página web, publicar ofertas especiales o anuncios para desmarcarse de la competencia, tener acceso a las estadísticas de visitas de sus páginas en la web y mostrar un diaporama fotográfico de sus establecimientos.

TRIPADVISOR Y EXPEDIA

Una alianza en la que todos salen ganando

En el año 2004, Expedia compra TripAdvisor por 210 millones de dólares en un momento en que el capital de este último se eleva a 4 millones de dólares. El grupo, fundado en 1996 por Microsoft, se había convertido en pocos años en líder de ventas de viajes en línea, dirigiendo unas 100 agencias de viaje repartidas por más de 60 países. Para TripAdvisor, se trata de un verdadero golpe de suerte, ya que puede darle prioridad a la publicidad en favor de Expedia y recuperar los ingresos por clic generados por esta. Así, entre 2006 y 2010, TripAdvisor obtiene cada año entre el 30 y el 50 % de su volumen de negocios gracias a Expedia.

Competencia desleal y falta de transparencia

En 2011, el sindicato de hostelería francés Synhorcat denuncia tres páginas del grupo Expedia (*expedia.com*, *tripadvisor.com* y *hotels. com*) por competencia desleal: ofertas falsas después de haber hinchado artificialmente los precios, cambio de datos de contacto de ciertos establecimientos para reemplazarlos por la central de reserva de la página web, indicaciones falsas de que determinados alojamientos están completos para llevar al cliente a alojamientos socios, etc. Todo esto fue confirmado por la investigación de la Dirección General de Competencia, Consumo y Represión de Fraudes (DGCCRF), que participa por primera vez de forma espontánea en un proceso civil. En octubre de 2011, las páginas web y su compañía matriz son condenadas por el Tribunal de Comercio de París a pagar indemnizaciones a las distintas partes por valor de más de 400 000 euros, además de a modificar sus procedimientos para ajustarse a la legalidad.

Aunque Expedia reivindica que está abierta al diálogo con el resto de los intervinientes, el presidente de Synhorcat, Didier Chenet, afirma que «han recurrido a la justicia porque no han podido dialogar con ellos»[1] (L'Express 2011) y que al cierre del proceso seguían en el aire numerosas preguntas: cláusulas injustas en los contratos,

---

1. Cita traducida por 50Minutos.es.

ausencia de verificación de las opiniones dejadas en las páginas web, falta de transparencia en las prácticas entre las distintas empresas en el seno de un mismo grupo, etc. Los profesionales de la hostelería no se sienten escuchados por las plataformas en línea, que perciben como verdaderos cuellos de botella. Sin embargo, es evidente que las agencias en línea y las plataformas comunitarias no tendrían motivos para existir si no hubiera hoteles, restaurantes y demás profesionales del turismo.

A finales de 2011, Expedia le devuelve su libertad a TripAdvisor, y este sale a la bolsa neoyorquina Nasdaq. Esta operación lleva a que la empresa tenga un valor de unos 4,8 millones de dólares en algunos meses. No obstante, la separación no permite aclarar las prácticas de la plataforma y de las agencias turísticas en línea: a partir del 2013, Expedia, Booking y TripAdvisor vuelven a ponerse en el punto de mira de los Gobiernos francés e italiano y de los sindicatos debido a las cláusulas ilícitas impuestas a los hoteleros, como la prohibición de proponer tarifas más atractivas que las de las centrales de reserva en línea, y por la ausencia de verificación de los comentarios escritos en sus páginas web. Por ejemplo, se comenta que se habrían validado y publicado hasta el año 2014 en TripAdvisor comentarios referidos a un hotel que había cerrado 7 años atrás. En diciembre de ese mismo año, la plataforma se enfrenta a una multa administrativa de 500 000 euros y se le da el plazo de 3 meses para proponer medidas concretas para erradicar el problema de falta de fiabilidad.

directamente por los profesionales y no por los consumidores, opiniones patrocinadas pero no marcadas como tal, etc.).

REPERCUSIONES

EL COSTE DE LA RED

El modelo de negocio de TripAdvisor tiene forma de red: cuanto más crece la comunidad, más atractiva es para los visitantes y para los anunciantes. En 2015, la página registra un beneficio neto por contribución de 8,78 euros. Para lograr mantener esta dinámica, muy rentable, la plataforma amplía su campo de acción en la reserva en línea de todas las actividades turísticas y en su difusión mundial y móvil (50 % de su tráfico en 2014). Por ejemplo, en febrero de 2015 se anuncia una asociación con Accor, que debería permitir que los usuarios reserven una de las 470 000 habitaciones del operador directamente desde la plataforma de TripAdvisor, e incluso desde su teléfono móvil, tal y como se anuncia en el comunicado de prensa del 11 de febrero de 2015.

Siguiendo esta lógica, Stephen Kaufer explica que «lo que les interesa son los servicios en el destino [y no únicamente la planificación del viaje y del alojamiento]: restaurantes, entretenimiento, espectáculos...»[1] (Palierse 2015). Esto explica algunas adquisiciones recientes:

- la empresa estadounidense Viator, que propone más de 20 000 *tours* y atracciones por todo el mundo;
- la aplicación TinyPost, que permite tomar fotos y añadir leyendas para después compartirlas en las redes sociales, como Facebook, Twitter o Tumblr;
- la página española de alquiler de vacaciones para particulares Niumba;
- varias páginas web con opiniones sobre restaurantes y dedicadas a la reserva de mesas, como la francesa *lafourchette.com*, las páginas neerlandesas Couverts, Iens y SeatMe o empresas emergentes como la portuguesa BestTables (actualmente TheFork) o la australiana Dimmi.

Sin embargo, la página ha perdido una parte de los ingresos procedentes de los clics tras la escisión con Expedia. Su estrategia de desarrollo también ha conllevado un ascenso del 37 % de sus costes de márquetin, sobre todo en cuanto al posicionamiento de pago, y de un 31 % de

---

1. Cita traducida por 50Minutos.es

sus costes de desarrollo tecnológico, lo que ha provocado una importante caída de su margen neto, que ya tan solo representa un 38 % de su volumen de negocios en 2014 (en lugar de 48 % en 2012).

Asignación de recursos

	2011	2012	2013	2014
Márquetin y venta (SEM, publicidad, relaciones públicas)	209 $	266 $	368 $	502 $
Tecnología y contenidos (diseño, desarrollo, pruebas, mantenimiento, licencias, *hardware*)	57 $	87 $	131 $	171 $
Administración (servicios de apoyo)	45 $	76 $	98 $	128 $

LA EXIGENCIA DE LA TRANSPARENCIA

> «Hemos impuesto una nueva transparencia a la industria del turismo al permitir que los viajeros puedan ver exactamente lo que se les va a ofrecer incluso antes de estar allí»[2] (Kaufer en Lomig 2014).

A priori, se podría considerar que los motores de búsqueda y las páginas web de opiniones podrían ser simples canales que permiten a los proveedores y a los consumidores hablar con mayor facilidad sobre sus ofertas y sus necesidades. Sin embargo, en realidad, se han convertido en intermediarios imprescindibles en el sector del turismo en línea, y este punto supone la principal queja de los profesionales del sector hotelero: al favorecer la circulación libre de opiniones y de evaluaciones virtuales en la red, los gigantes del turismo en línea influyen en la economía real del sector y tienen un impacto directo en los empleos locales, en las inversiones financieras de las empresas y, como consecuencia, en su fu-

---

2. Cita traducida por 50Minutos.es

turo. Y con razón: el exdirector de márquetin de la empresa Pierre et Vacances, Rodolphe Roux, confirmaba en la feria «Voyage en multimédia» («Viaje multimedia») de Saint-Raphaël (Francia) en el año 2015: «Un comentario negativo en TripAdvisor son 10 000 euros de pérdidas para Pierre & Vacances»[3] (Khlat 2015).

Al contrario, si un establecimiento gana un punto, esto puede traducirse en un aumento del 11,2 % de sus ingresos. Sin embargo, los puntos que TripAdvisor otorga a los profesionales nacen de un algoritmo secreto e ininteligible que reinterpreta las opiniones de los clientes en función de tres variables:

- el número de comentarios recibidos;
- la proporción entre los comentarios positivos y los negativos;
- la fecha de publicación.

Por tanto, es imposible verificar la lógica que se aplica en clasificaciones como «Los 10 peores hoteles de España», establecidos por la plataforma y divulgados en la prensa sin

---

3. Cita traducida por 50Minutos.es

comprobación alguna. También es difícil fiarse de los «Certificados de excelencia» resultantes y que entrega TripAdvisor siguiendo este mismo sistema. Ya existía una gran preocupación por la cuestión de la parcialidad de las opiniones publicadas sobre los establecimientos antes de que aparecieran estas plataformas, y sobre todo en las guías turísticas en papel. Sin embargo, hoy en día estas opiniones ya no solo están basadas en la experiencia del autor, sino que las emite una comunidad entera y su público meta no es comparable con el de las guías en papel.

aparezcan antes que el resto.

Dado que el capital comercial de TripAdvisor están vinculados con el tamaño de su red, y por tanto con el número de las contribuciones que recibe la página web —motivo por el que atrae un tráfico mensual enorme—, parece poco probable que estos tipos de estándares se implementen y se respeten en un futuro cercano, ya que verificar sistemáticamente las opiniones ralentizaría el ritmo de sus publicaciones considerablemente (en 2013, se publicaron de media 90 opiniones por minuto).

UN PROBLEMA DE REPRESENTATIVIDAD

Investigaciones recientes revelan otro problema: la representatividad limitada de estas puntuaciones. Según el estudio *Coach Omnium* publicado en abril de 2013, la primera en interesarse por los comportamientos de los turistas en las plataformas en línea, solo el 31 % expresa su opinión. De entre ellos, el 61 % prefiere hacerlo en el local hablando directamente con el personal o a través de un cuestionario, mientras que solo un 12 % lo hace a través de internet.

El estudio *Revinate 2014* va incluso más allá: aunque TripAdvisor hace alarde de ser la comunidad de viajeros más grande del mundo, la página *booking.com* recoge en realidad el 37 % de los comentarios a nivel mundial (contra el 25 % de TripAdvisor) y el 62 % de los comentarios en Europa (contra el 22,5 % de TripAdvisor). Un simple cálculo deja entrever que, de cada 100 viajeros europeos, solo 31 expresan su opinión sobre la calidad de su estancia: entre ellos, solo 4 escriben su comentario en internet, y tan solo 1 lo hace en TripAdvisor.

ABUSO DE POSICIONES DOMINANTES

En el juego de las compras, adquisiciones y asociaciones, solo unos cuantos mastodontes del turismo en línea tienen hoy en día todos los triunfos e imponen sus reglas.

Distribuidores

En lo que se refiere a distribuidores, la holandesa Booking es la principal competidora de TripAdvisor, y ambas páginas han entendido bien cómo ser indispensables tanto para los hoteleros como para los turistas. En Booking, los usuarios pueden elegir entre 1,4 millones de alojamientos disponibles en cerca de 225 países, y pueden planear unas vacaciones completas en un tiempo récord con solo su teléfono inteligente. Cada día se hacen alrededor de 1,2 millones de reservas, confirmadas y pagadas a través de esta página web.

La distribuidora, que pertenece al grupo estadounidense Priceline, se beneficia de esta manera de un acceso directo a los datos de los clientes. Este control sobre los ficheros de los clientes de los establecimientos le permitió publicar 100 000 evaluaciones al día en 2014, cada una escrita tras una reserva confirmada con la facturación de una comisión. La fiabilidad y la transparencia de las opiniones también están más garantizadas que en TripAdvisor.

Por encima de todo, esto permite que Booking pueda ejercer mucha presión sobre los profesionales para incitarlos a que bajen los precios de los alojamientos que proponen en la página web.

En los últimos años ha habido muchas quejas en este sentido, tanto por parte de las autoridades europeas como por parte de la competencia. Más recientemente, las autoridades turcas han bloqueado la página web en este país por competencia desleal. La página web también ha lanzado un nuevo proyecto conocido como BookingSuite, que pone todas las herramientas de márquetin a disposición de los profesionales, al tiempo que le da a Booking aún más control sobre los directorios de clientes.

Motores de búsqueda

En cuanto a los motores de búsqueda, Google entró en el juego en el año 2012 con el lanzamiento de Google Hotel Finder, pero lo cierto es que nunca ha sido un verdadero competidor en el sector, y al final el propio motor de búsqueda reabsorbió la herramienta. En 2017, Google fue multado por la Comisión Europea a pagar 2,42 billones de euros por abusar de su poder como motor de búsqueda al priorizar ilegalmente sus propios servicios de comparación.

La página web alemana Trivago, que se lanzó en 2005, es actualmente el mayor comparador de hoteles del mundo: permite a los usuarios comparar ofertas de aproximadamente 1 millón de hoteles en unas 250 páginas de reserva en línea, y cuenta con 190 millones de opiniones de agencias de viajes en línea e incluso de páginas de profesionales del sector. Desde 2013, el grupo Expedia se convierte en el principal accionista de la empresa, que mantiene sus márgenes de progreso a pesar de que el mercado es hoy en día más maduro y su crecimiento ha perdido ritmo.

EL REGRESO A LOS CIRCUITOS CORTOS

Ante estos intermediarios todopoderosos, hoy en día los profesionales del sector hotelero intentan organizarse.

- En el año 2013, la asociación Réservation en Direct lanza en Francia la plataforma Fairbooking para «frenar la espiral infernal a la que nos llevan los gigantes de las reservas en línea»[4] (Souto 2014). El funcionamiento es simple y se inspira en cooperativas de agricultores para favorecer los circuitos cortos: al

---

4. Cita traducida por 50Minutos.es

restablecer el contacto directo entre clientes y establecimientos, la página web propone beneficios concretos a los turistas (descuentos del 10 % en habitaciones, alojamiento en una habitación mejor si hay disponibilidad, desayuno gratuito, etc.) al tiempo que se asegura de que el hotelero recibe la totalidad de la suma pagada por el cliente. La relación entre cliente y profesional del sector turístico también se ve privilegiada, ya que si se elimina el intermediario de una central de reservas impersonal, es posible crear una estancia personalizada que responda completamente a las expectativas del viajero. En septiembre de 2017, la página web contaba con unos 3500 establecimientos socios en 56 países y con 130 000 usuarios. Actualmente, espera poder expandirse a otros países.

- En 2015, se lanza <u>Bookbedder</u> en Suiza. Esta plataforma, con sede en la escuela de hostelería de Lausana, consigue reducir en gran medida las comisiones que se facturan en las reservas ahorrando en los gastos de márquetin, ya que la comunidad funciona gracias a una red de profesionales y de usuarios.

HACIA UNA MAYOR REGULACIÓN

La plataforma de alquiler entre particulares Airbnb sigue creciendo: actualmente, la empresa está valorada en 31 billones de dólares, es decir, muy por encima del grupo Accor. No obstante, la página web está cada vez más vigilada por las autoridades. Desde mayo de 2011 es ilegal subalquilar un alojamiento en Nueva York por un tiempo menor a 30 días, a no ser que el propietario también esté presente. Por tanto, una gran parte de los anuncios que se encuentran en Airbnb serían ilegales. La fiscalía de Nueva York ha obligado a la empresa a ofrecer una lista con las personas que han alquilado su domicilio desde 2010.

En Francia, el subalquiler sin acuerdo previo del propietario está prohibido, y los ingresos obtenidos de esta práctica deben declararse. Pero más allá de las infracciones aparece la desestabilización del mercado inmobiliario, algo que preocupa sobre todo al ayuntamiento parisino: en los barrios más turísticos, como Le Marais o Montmartre, hay calles enteras que se vacían de habitantes estables en beneficio de alquileres muy cortos. El sistema, además, provoca que los precios de los alojamientos se disparen, ya que los propietarios están encantados de contar con una perspectiva de ingresos complementarios.

Maurice Lévy, el exdirector de Publicis, hablaba en el año 2014 en el *Financial Times* sobre la «uberización» de la economía: «Es la idea de despertarte de repente un día y descubrir que tu profesión tradicional ha desaparecido»[5] (Dedieu y Mathieu 2015). La empresa Uber, fundada en 2009 en San Francisco, se expandió en solo 8 años a 600 ciudades repartidas por todo el mundo. Los usuarios de la aplicación se ponen en contacto con conductores privados, llegando solo en 2015 a 1 millón de recorridos al día, mientras que solo durante el mes de octubre de 2016 se contabilizaron 40 millones. La empresa emergente pone así en cuestión el sector cerrado y muy reglamentado de los taxis, y desencadena una serie de batallas jurídicas que pretenden frenar el fenómeno. El hecho de que Uber no tome las medidas suficientes para aprobar a sus conductores también ha suscitado polémica y

---

5. Cita traducida por 50Minutos.es

ha provocado que la licencia de la compañía sea derogada en varias ciudades, como en Londres en septiembre de 2017.

EN RESUMEN

- Los años 2000 están marcados por la llegada de la Web 2.0, social y participativa. El sector del turismo, muy lucrativo y en constante crecimiento, es en la época uno de los primeros en digitalizarse con la creación de agencias y distribuidores en línea.

- A Stephen Kaufer y su mujer, que observan los cambios que se operan, se les ocurre la idea de crear una página web que aunaría las opiniones explicativas y objetivas de los consumidores para ayudar a los viajeros a organizar sus futuros viajes.

- En algunos años, TripAdvisor pone en marcha un modelo de negocio innovador y muy rentable: al proponer contenido gratuito creado por una comunidad de viajeros y de anunciantes, genera un tráfico récord muy rentable a través de la publicidad.

- La plataforma se considera hoy en día la mayor comunidad de viajeros del mundo, y forma parte del puñado de gigantes del turismo en línea que, con la adquisición de muchas empresas de la competencia y de servicios complementarios, controlan el sector del turismo.

- Falta de fiabilidad y de transparencia de las evaluaciones publicadas, obstáculos a la competencia, abuso de su posición dominante... Estos son algunos ejemplos de las quejas formuladas por los sindicatos del sector turístico, los Gobiernos y los usuarios. Además, estudios realizados en 2013 y 2014 comienzan a cuestionar el funcionamiento de los principales actores del sector, entre los que se encuentra TripAdvisor —que ya ha sido sancionado varias veces desde 2011—.

- Aunque la digitalización del sector podría haber favorecido una simplificación y una reducción de los circuitos entre productores y consumidores, lo cierto es que, hoy en día, los profesionales del turismo se encuentran ante intermediarios todopoderosos que dictan las reglas del mercado, bajan mucho los precios e influyen fuertemente en la economía real del sector.

- Para intentar reimplantar los circuitos cortos y modos de consumo más justos y duraderos en el tiempo surgen nuevas iniciativas, que favorecen la relación directa con el cliente, o directamente entre particulares. Unos son fenómenos planetarios controvertidos y otros procesos locales y aislados, pero todos podrían incitar a TripAdvisor y a la competencia a cuestionar su funcionamiento, sobre todo gracias al apoyo de las autoridades europeas responsables de la competencia y a la publicación de nuevas normas de calidad en la materia.

¡Tu opinión nos interesa!
¡Deja un comentario en la página web de tu librería en línea,
y comparte tus favoritos en las redes sociales!

PARA IR MÁS ALLÁ

FUENTES BIBLIOGRÁFICAS

- Berge, Frédéric. 2013. "Hôtellerie en ligne: le groupe Expedia assigné en justice (MAJ)". *01net.com*. 14 de noviembre. Consultado el 19 de octubre de 2017. http://www.01net.com/editorial/608098/hotels-en-ligne-le-site-de-reservation-expedia-assigne-en-justice/

- Bokobza, Christine. 2015. "Airbnb ou l'illusion du partage". *Les Echos.fr*. 20 de marzo. Consultado el 19 de octubre de 2017. http://archives.lesechos.fr/archives/cercle/2015/03/20/cercle_128309.htm

- Bourven, Morgan. 2011. "Hôtel en ligne, le groupe Expedia condamné". *Que choisir*. 6 de octubre. Consultado el 19 de octubre de 2017. http://www.quechoisir.org/loisirs-tourisme/prestations-touristiques/actualite-hotel-en-ligne-le-groupe-expedia-condamne

- Bussang, Jeff. 2012. "Scaling is Hard. Case Study: TripAdvisor". *Inc.* 17 de agosto. Consultado el 19 de octubre de 2017. http://www.inc.com/jeff-bussgang/scaling-is-hard-case-study-tripadvisor.html

- Cocotas, Alex. 2011. "How $3 Billion TripAdvisor's Business Works". *Business Insider*. 23 de diciembre. Consultado el 19 de octubre de

2017. http://www.businessinsider.com/
how-tripadvisors-business-works-2011-12?IR=T

- Dedieu, Franck y Béatrice Mathieu. 2015. "Uber,
  Airbnb, BlaBlaCar… L'invasion des barbares".
  L'Express.fr. 1 de junio. Consultado el 19 de
  octubre de 2017. http://lexpansion.lexpress.fr/
  actualite-economique/uber-airbnb-blablacar-l-in-
  vasion-des-barbares_1683952.html

- Denisselle, Guilain. "Après des années
  d'accélération, 2015 année de satellisation".
  TendanceHotellerie.fr. 19 de enero. Consultado
  el 19 de octubre de 2017. http://www.tendance-
  hotellerie.fr/articles-breves/marketing-distribu-
  tion/4463-article/apres-des-annees-d-accelera-
  tion-2015-annee-de-satellisatio

- Denisselle, Guilain. 2015. "Booking.com devient
  le n° 1 des sites d'avis clients d'hôtels, avec des
  vrais avis de vrais clients". *TendanceHotellerie.fr.* 9
  de febrero. Consultado el 19 de octubre de 2017.
  http://www.tendancehotellerie.fr/articles-breves/
  marketing-distribution/4536-article/booking-
  com-devient-le-no-1-des-sites-d-avis-clients-d-
  hotels-avec-des-vrais-avis-de-vrais-clients

- Fauconnier, Flore. 2014. "LaFourchette devient le
  pôle restauration mondial de TripAdvisor". *Journal
  du Net.* 3 de junio. Consultado el 19 de octubre de
  2017. http://www.journaldunet.com/ebusiness/
  tourisme/bertrand-jelensperger-bertrand-jelens-
  perger-lafourchette.shtml

- Garoscio, Paolo. 2014. "Tourisme: la Justice italienne s'intéresse aux vrais faux commentaires de Tripadvisor". *Économie Matin.* 27 de agosto. Consultado el 19 de octubre de 2017. http://www.economiematin.fr/news-tripadvisor-faux-avis-plainte-hotels-italie

- Gartner.com, "Gartner Says By 2014, 10-15 Percent of Social Media Reviews to Be Fake, Paid for By Companies", 2012. Consultado el 19 de octubre de 2017. http://www.gartner.com/newsroom/id/2161315

- Gas, Valérie. 2002. "La reprise est en vue". RFI. 17 de marzo. Consultado el 19 de octubre de 2017. http://www1.rfi.fr/actufr/articles/027/article_13535.asp

- Gavois, Sébastien. "La DGCCRF enquête sur les faux avis de consommateurs sur internet". *Nextinpact.* 28 de julio. Consultado el 19 de octubre de 2017. http://www.nextinpact.com/news/88936-la-dgccrf-enquete-sur-faux-avis-consommateurs-sur-internet.htm

- Gazzane, Hayat. 2015. "La Californie s'attaque au modèle économique d'Uber". *Le Figaro.fr.* 18 de junio. Consultado el 19 de octubre de 2017. http://www.lefigaro.fr/secteur/high-tech/2015/06/18/32001-20150618ARTFIG00136-la-californie-s-attaque-au-modele-economique-d-uber.php

- Goudet, Jean-Luc. 2008. "La Rome antique

en 3D dans Google Earth". *Futura Sciences*. 18 de noviembre. Consultado el 19 de octubre de 2017. http://www.futura-sciences. com/magazines/high-tech/infos/actu/d/ internet-rome-antique-3d-google-earth-17368/

- Gourdon, Jessica. 2013. "Bras de fer entre Airbnb et la justice à New York". *L'Express.fr*. 16 de octubre. Consultado el 19 de octubre de 2017. http:// lentreprise.lexpress.fr/gestion-fiscalite/bras-de-fer-entre-airbnb-et-la-justice-a-new-york_1521330. html

- Hermann, Vincent. 2015. "Bruxelles somme Google de s'expliquer sur ses abus de position dominante". *Nextinpact*. 16 de abril. Consultado el 19 de octubre de 2017. http://www.nextinpact. com/news/93836-bruxelles-somme-google-s-expliquer-sur-ses-abus-position-dominante.htm

- Jaladis, Stéphane. 2013. "Le e-tourisme génère 4 % de ventes en plus au premier trimestre 2013". *Tourhebdo*. 15 de mayo. Consultado el 19 de octubre de 2017. http://www.tourhebdo.com/ actualites/detail/65831/le-e-tourisme-genere-4-de-ventes-en-plus-au-premier-trimestre-2013. html

- Kaufer, Stephen. 2013. "An Average Traveler". *New York Times*. 23 de febrero. Consultado el 17 de octubre de 2017. http://www.nytimes. com/2013/02/24/jobs/stephen-kaufer-of-tripadvisor-is-an-average-traveler.html?_r=0

- Kitching, Chris. 2015. "46 Countries, 3 350 Write-ups... and 40 000 Pictures: Meet TripAdvisor's Most Prolific Reviewer (Whose Worst Experience Was 'a Very Bad Milkshake' in New Zealand)". *Mail Online*. 21 de abril. Consultado el 19 de octubre de 2017. http://www.dailymail.co.uk/travel/travel news/article-3047147/Brad-Reynolds-TripAdvisor-s-prolific-user-3-350-reviews-counting.html

- Khlat, Mathilde. 2015. "E-reputation: 'Un avis négatif, c'est 10 000 euros de perte de chiffres d'affaires'". *I-tourisme*. 8 de febrero. Consultado el 19 de octubre de 2017. http://www.tourmag.com/E-reputation-Un-avis-negatif-c-est-10-000-euros-de-perte-de-chiffres-d-affaires_a72118.html

- Laine, Linda. "Pourquoi Airbnb se contente de la vente directe". *L'Écho touristique*. 20 de abril. Consultado el 19 de octubre de 2017. http://www.lechotouristique.com/article/pourquoi-airbnb-se-contente-de-la-vente-directe,74075

- L'Express.fr, "Les pratiques d'Expedia condamnées par la justice". L'Express.fr. 5 de octubre. Consultado el 19 de octubre de 2017. http://lexpansion.lexpress.fr/high-tech/les-pratiques-d-expedia-condamnees-par-la-justice_1373770.html

- Le Gall, Anne-Laure. "Stephen Kaufer, son guide compte 2 milliards d'utilisateurs". *Paris Match*. 17 de junio. Consultado el 19 de octubre de 2017. http://www.parismatch.com/Vivre/Voyage/Stephen-Kaufer-son-guide-compte-2-milliards-d-utilisateurs-569874

- Lomig, Guillo. "TripAdvisor: chaque avis lui rapporte 14 euros". *Capital.fr.* 14 de abril. Consultado el 19 de octubre de 2017. http://www.capital.fr/enquetes/strategie/tripadvisor-chaque-avis-lui-rapporte-14-euros-925205

- Mommens, Françoise. 2005. "Quand le tourisme marie la technologie, le bébé s'appelle géo-services". *Réseau Veille Tourisme.* 11 de noviembre. Consultado el 19 de octubre de 2017. http://veille-tourisme.ca/2005/11/11/quand-le-tourisme-marie-la-technologie-le-bebe-sappelle-geo-services/

- Palierse, Christophe. 2015. "L'Américain Tripadvisor élargit son horizon dans la réservation en ligne". *Les Echos.fr.* Consultado el 19 de octubre de 2017. http://www.lesechos.fr/17/12/2014/lesechos.fr/0204024819355_l-americain-tripadvisor-elargit-son-horizon-dans-la-reservation-en-ligne.htm

- Parmentier, Sophie. 2013. "Le phénomène Greeters". *Ethno-Tendances.* 20 de septiembre. Consultado el 19 de octubre de 2017. http://www.ethno-tendances.com/voyage/le-phenomene-greeters/

- Pommier, Sébastien. 2015. "Airbnb, l'entreprise qui valait 24 milliards de dollars". *L'Expansion.* 19 de junio. Consultado el 19 de octubre de 2017. http://lexpansion.lexpress.fr/entreprises/airbnb-l-entreprise-qui-valait-24-milliards-de-dollars_1691479.html

- Racine, Amélie. 2010. "E-tourisme et technologie.

Innovation, collaboration et interaction (récapitulatif 2000-2010)". *Réseau Veille Tourisme*. 15 de diciembre. Consultado el 19 de octubre de 2017. http://veilletourisme.ca/2010/12/15/e-tourisme-et-technologie-innovation-collaboration-et-interaction-recapitulatif-2000-2010/

- Souto, Eva. 2014. "FairBooking, la plateforme des hôtels français décolle-t-elle?". *consoGlobe*. 21 de julio. http://www.consoglobe.com/fairbooking-resultats-cg/2

- TripAdvisor, Espace presse. http://www.tripadvisor.fr/PressCenter-c6-About_Us.html

- Tsagliotis, Adrien. 2013. "TripAdvisor a apporté plus de transparence à l'industrie du voyage". *Journal du Net*. 22 de julio. Consultado el 19 de octubre de 2017. http://www.journaldunet.com/ebusiness/commerce/stephen-kaufer-stephen-kaufer-tripadvisor.shtml

- Visseyrias, Mathilde. "Accor porte plainte contre Booking". *Le Figaro.fr*. 23 de febrero. Consultado el 19 de octubre de 2017. http://www.lefigaro.fr/societes/2015/02/23/20005-20150223ART-FIG00339-accor-porte-plainte-contre-booking.php

FUENTES COMPLEMENTARIAS

- Página web de Booking. Consultado el 19 de octubre de 2017. http://www.booking.com/

- Página web de ITU. Consultado el 19 de octubre de 2017. http://www.itu.int/es/Pages/default.aspx

- Página web de TripAdvisor. Consultado el 19 de octubre de 2017. https://www.tripadvisor.fr

- Página web de UNWTO. Consultado el 19 de octubre de 2017. http://www2.unwto.org/es

50MINUTOS.es
Historia
Economía y empresa
Coaching
Book Review
Salud y bienestar
Arte y literatura
EL DIAGRAMA DE ISHIKAWA
LA GUERRA DE PALESTINA DE 1948
DOMINA EL ARTE DEL NETWORKING

www.50Minutos.es

ISBN ebook: 9782806299734

ISBN papel: 9782806299741

Depósito legal: D/2017/12603/397

Libro realizado por Primento, el socio digital de los editores